LES

VITRAUX DE GALAS

dans l'église de Saint-Jean-de-Losne

AVEC

UNE GRAVURE A L'EAU FORTE DE M. V. PROST

PAR

L'ABBÉ JULES THOMAS

CHANOINE HONORAIRE, DOCTEUR EN THÉOLOGIE
CURÉ-DOYEN DE NOTRE-DAME DE DIJON.

DIJON

CHEZ TOUS LES LIBRAIRES

1899

LES
VITRAUX DE GALAS

TIRÉ A 30 EXEMPLAIRES

LES
VITRAUX DE GALAS
dans l'église de Saint-Jean-de-Losne

AVEC

UNE GRAVURE A L'EAU FORTE DE M. V. PROST

PAR

L'ABBÉ JULES THOMAS

CHANOINE HONORAIRE, DOCTEUR EN THÉOLOGIE
CURÉ-DOYEN DE NOTRE-DAME DE DIJON.

DIJON

CHEZ TOUS LES LIBRAIRES

1899

LES
VITRAUX DE GALAS

dans l'église de Saint-Jean-de-Losne.

L'église de Saint-Jean-de-Losne mérite de fixer l'attention des amis de l'art et de l'histoire. Ils s'arrêtent, non sans charme, devant ses toits vernissés, son campanile à double pointe, ses sveltes colonnes, son abside largement ajourée. Et chacun des habitants peut leur dire ce que signifient les drapeaux suspendus à l'entrée du chœur, et d'autres trophées d'un siège fameux également attachés aux murs.

Les deux Vitraux du transept appellent un examen spécial. Ils ont été placés à l'occasion du dernier cinquantenaire de la délivrance de la ville. Les inscriptions qu'on trouve dans les découpures supérieures de ces deux fenêtres indiquent, à la fois, la date du siège, 1636, celle de la fête commémorative dont il s'agit, 1886, et la souscription publique qui permit de poser les verrières.

Celles-ci reproduisent les principaux épisodes du siège. Les douze médaillons qui les composent sont placés dans l'ordre des faits. Les scènes commencent à gauche, du côté de la Saône. On les suit, comme toujours en pareille occurrence, en prenant le côté gauche, et en allant de bas en haut.

VITRAIL A GAUCHE

PREMIER MÉDAILLON.

La Sommation de la ville.

26 octobre.

Au premier plan, Galas (1) attend la réponse du tambour qu'il a envoyé aux habitants pour les sommer de se rendre. Ses soldats se tien-

---

(1) La véritable orthographe est Gallas. A Saint-Jean-de-Losne, on écrit et on prononce Galas.

nent à ses côtés. A gauche, un officier montre d'une main la ville ; de l'autre, il lève son épée pour donner l'ordre aux batteries de faire feu. Entre Galas et la place, au second plan, le tambour revient en courant. Au troisième, on aperçoit les remparts entourés de palissades et les habitants prêts à la résistance. L'aide-major, Barette, est debout sur les murs (1). En arrière, on distingue la ville et son église.

DEUXIÈME MÉDAILLON.

La Prise d'un drapeau.

30 octobre.

Après un premier bombardement, l'ennemi s'est emparé de plusieurs bastions. Le brave Loyac, un des officiers de M. de Lamothe-Houdancourt, suivi des habitants et des soldats, reprend une des positions perdues, en avant du

---

(1) Voir la *Belle Défense de Saint-Jean-de-Losne en 1636*, par l'abbé Jules Thomas, Dijon, 1886. Voir aussi *le Livre d'or de la Belle Défense*, par le même, Dijon, 1892.

bastion Saint Jean ; on le voit brandissant son épée. Un bourgeois de Saint-Jean-de-Losne enlève un drapeau autrichien, tandis qu'un soldat frappe de sa pertuisane le porte-étendard. On voit, au premier plan, des tonneaux remplis de boulets et un obusier (1). Une tour ronde s'élève au fond du tableau.

TROISIÈME MÉDAILLON.

La Brèche.

31 octobre.

Les canons des Allemands ont ouvert une brèche de trente-six pieds. Les assiégés s'empressent de la réparer. Ils roulent des tonneaux pleins de terre. Les femmes apportent des paniers remplis de matériaux. Les paysans enfoncent des pieux. A gauche, un arquebusier qui tire ; puis, sur le rempart, deux artil-

(1) *Ibid.* De même pour les médaillons suivants.

SAINT-JEAN DE LOSNE

LE GOUVERNEUR SUR LA BRECHE

leurs qui dirigent une pièce sur l'ennemi. A droite, Jeanne Micault montre le poing aux assiégeants, qu'on aperçoit dans le lointain et qui bombardent la ville.

QUATRIÈME MÉDAILLON.

Quelques-uns des Défenseurs.

31 octobre.

Un carme, Denis Falcon, debout sur la brèche, plante à terre la fourchette de son arquebuse, pour y placer son arme. A sa gauche, le baron d'Esbarres, assis sur un fauteuil à cause de son grand âge, tire sur les assiégeants. Ses domestiques chargent ses fusils. A droite du frère carme, un autre vieillard, M. Petitjean, de Brazey, assis sur une chaise, derrière un créneau, fait aussi feu sur l'ennemi. Sa femme prépare un fusil. Une autre femme, avec un chapeau d'homme, lui offre une arquebuse.

CINQUIÈME MÉDAILLON.

La Délibération.
1er novembre.

On est au corps de garde, à côté du pont de la Saône. Pierre Desgranges, un des échevins, demande à l'assemblée de jurer, devant Dieu et devant les hommes, que les Allemands ne mettront jamais le pied à Saint-Jean-de-Losne. Il montre du doigt la feuille sur laquelle le serment sera consigné. Tout à coup, on entend le signal de l'assaut. Les assistants renouvellent leur serment de fidélité au roi et à la ville; ils jurent de brûler leurs maisons et de s'ensevelir sous les ruines de leurs demeures plutôt que de se rendre.

SIXIÈME MÉDAILLON.

Le premier Assaut.
1er novembre.

La cavalerie allemande a comblé le fossé avec des fascines. Au premier plan, un clairon sonne la charge, les Autrichiens montent à l'assaut. Les uns tombent sous les coups des assiégés ; les autres escaladent la brèche. Leur drapeau est enlevé par les défenseurs de la place. Un soldat monté sur une échelle reçoit sur la tête une chaudière d'eau bouillante, qu'une femme lui jette. Une jeune fille porte un seau de vin que renverse un boulet ; elle lance un brocard à l'ennemi. Derrière elle, un habitant de Saint-Jean-de-Losne arbore le drapeau de la ville. Au deuxième plan, le jeune Lécrivain charge un fusil ; au troisième, on voit le clocher de l'église, les toits des maisons et la pointe du campanile des Carmes.

VITRAIL A DROITE

La marche à suivre est la même. On commence en bas et à gauche.

PREMIER MÉDAILLON.

La Signature de la délibération.
2 novembre.

La scène se passe sur la brèche. Au premier plan, le drapeau de la ville, que tient un soldat, flotte sur les échevins et les habitants ; le greffier commis, Jean Gaignet, leur apporte le texte de la délibération. Les uns s'apprêtent à signer ; les autres signent sur un tambour. Au deuxième plan, les défenseurs de la cité font face aux assaillants.

DEUXIÈME MÉDAILLON.

Les Barricades.

2 novembre.

Les soldats achèvent de tendre des chaines à travers les rues, et l'on y voit toutes sortes d'entraves, des paniers de terre, des roues, des pièces de bois. Les habitants entassent de la paille et des fagots devant leurs maisons pour y mettre le feu. D'autres préparent un fourneau pour y jeter le reste de la poudre. Une femme porte une cruche d'huile bouillante aux remparts. Les défenseurs les gardent toujours, malgré ceux d'entre eux qui tombent sous les coups de l'ennemi et que l'on voit gisant à terre.

TROISIÈME MÉDAILLON.

Le deuxième Assaut.

2 novembre.

La ville est sur le point d'être prise. Les Autrichiens vainqueurs entrent en foule par la brèche. Les habitants, revenus de leur panique, s'élancent sur eux et les refoulent avec leurs pertuisanes. A gauche, le petit Gaillard, une torche à la main, court mettre le feu aux maisons. Un des défenseurs lui fait signe, du haut des remparts, d'attendre un instant.

QUATRIÈME MÉDAILLON.

L'Arrivée des Auxonnais.

2 novembre.

Au second plan, les ennemis tiennent les habitants en échec. Ils brandissent la hache sur leurs têtes et les frappent à coups de pertuisane. Plusieurs sont renversés. Au premier plan, les Auxonnais arrivent par la porte de la

Saône et se jettent sur les Autrichiens. On aperçoit encore ici les hommes tués, parmi lesquels un des nouveaux arrivés, Nicolas Boillaud.

CINQUIÈME MÉDAILLON.

La Cavalerie de Rantzau.

Nuit du 2 au 3 novembre.

La cavalerie du colonel de Rantzau arrive à Saint-Jean-de-Losne, au commencement de la nuit. Elle traverse le pont, au son des trompettes et des tambours, en portant des flambeaux. On distingue la Saône et la ville, à la lueur des torches. Au premier plan, Rantzau, à cheval, montre à ses troupes la vaillante cité.

SIXIÈME MÉDAILLON.

L'Action de grâces.

3 novembre.

Les Autrichiens ayant levé le siège, les habitants de Saint-Jean-de-Losne se rendent à l'église en procession. Le procuré les suit, sous un dais porté par quatre des héros de la défense. Un enfant les précède avec la croix et pénètre dans l'église. Le drapeau de la ville et l'un de ceux qui viennent d'être enlevés à l'ennemi sont à l'honneur comme ils ont été au péril. Au premier plan, une femme assise tient son enfant qui acclame la procession. A gauche, dans un coin du tableau, Marguerite du Saint-Sacrement aperçoit l'enfant Jésus renversant l'armée de Galas avec un brin de paille de sa crèche.

Ces deux Vitraux sortent des ateliers de M. Pagnon-Deschelettes, de Lyon, l'une de nos plus anciennes maisons de peinture sur verre. On lui doit, entre beaucoup de travaux remarquables, neuf verrières de l'église métropolitaine du premier siège de France.

Les Vitraux de Saint-Jean-de-Losne ont le mérite d'indiquer une foule de traits de la merveilleuse histoire qu'ils racontent. Mais l'artiste n'est pas seulement un historien érudit et fidèle, il a fait, en maître, deux grandes pages de peinture. Tout en diversifiant, comme il convenait, les ornements et les physionomies, il a évité les oppositions trop vives. Il a mis ses couleurs dans une harmonie parfaite. Des fonds vigoureux encadrent les scènes, qui s'y détachent, à souhait, sur des tons plus doux. Les plans secondaires sont peints en émaux, pour ne point trop multiplier les plombs.

Ces Vitraux sont dignes, comme ceux de Lyon, du grand art des peintres verriers. Les habitants de Saint-Jean-de-Losne ont raison de les regarder comme un précieux souvenir de leur belle défense.

www.ingramcontent.com/pod-product-compliance
Lightning Source LLC
Chambersburg PA
CBHW070428080426
42450CB00030B/1826